CATALOGUE
DE LIVRES
DE TOUTES SORTES DE SCIENCES
nouvellement arrivées

A PARIS,

Chez THOMAS JOLLY Libraire-Juré, demeurant sur le Perron de la Cour neuve du Palais, aux Armes d'Hollande & à la Palme.

THEOLOGICI.

Biblia sacra fol. Lugduni, 1675.

Critici sacri fol. 10. voll. Londini 1660

Bible de Des Marets, fol. 2. voll. Amsterdam 1669 papier imperial.

———— Idem papier real de France.

———— Idem papier real d'Hollande.

———— Idem papier commun.

Bodleianæ Pandectæ Canonum SS. Apostolorum, fol. 2. vol. Oxonii Græcæ & Latinæ 1672.

Calvini Opera fol. 9. voll. Amstelod. 1671 max. Carta

———— Idem Carta minora.

———— Institutiones fol. Amster. 1667 separatim.

✗ Coccei opera fol. 8. voll. Amsterodami 1675

Bochartii de Animalib S. Script. fol. 2. vol. Francf. 1675

Albertinus de Eucharistia fol. Davantriæ, 1655

Curcellæi Opera fol. Amsterodami 1675. Carta maxima.

Coccæus, Thesaurus Catholicus fol. 2. voll. Colo. 1674

Drexelii Opera fol. 2. voll. Antuerpiæ 1660

Heinsius in Novum Testamentum fol. Lugd. Batavorum 1639 Carta maxima.

Christiano Matthiæ Anabysis in Evangelia secundum Matthæum fol. 1652

Petri Martyris Epistolæ fol. Amsterodami 1670

Merceri in Iobum, Proverbia, &c. fol. Amster. 1651

✗ Gomari Opera omnia Theologica fol. Amster. 1664

Sibelii opera omnia Theologica fol. 5 voll. Amst. 1644.

Le Blanc, Theses Theolog. Sedanensiis fol. Lond. 1675

A

Alderisii de Symbolicis contractibus fol. Genevæ, 1678.
Ravanelli, Bibliotheca sacra, seu Thesaurus Scripturæ
  Canonicæ fol. 4 voll. Genevæ 1660.
Raynerii Pantheologia fol. 3. vol. Lugduni 1670.
Incognitus in Psalmos fol. Lugd. 1673.
Cornelius à Lapide in Paulum fol. Lugd. 1669.
Naclantii opera fol Lugd 1657.
Celada, fol. 6 voll. Lugduni.
Tyrinus in Bibliam fol 2. voll. Lugduni 1678.
Summa D. Thomæ fol Lugd. 1677.
Ephrem Syri opera fol. Coloniæ 1616.
Peñafiel, Tractatus novi Theolog. fol. 4. vol. Lugd. 1678
Caramuel Theol. Moral. fondament. fol. 2 vol. Lugd. 1676
De Peyrinis, opera omnia fol. 3. voll. Lugd. 1668.
Antonio à Spiritu S. Director. Regular. fol. Lugd. 1670
De Rhodes, Theolog. Scholast. fol. 2. voll. Lugd. 1676
Diana Coordinati opera omnia fol. 9 voll. Lugd 1667
Barboza De Matrimonio fol 2 voll. Lugduni 1678.
Optatus Milevit, Facund. & Albasp opera f. Parisiis 1676
Petri Blesensis Opera fol. Parisiis 1667
S Maximi opera fol. 2. voll. Græc & Lat. Parisiis 1675
Estius in Sententias fol. 2. voll. Parisiis 1672.
Summa Concilior à P. Bail fol. 2. vol. Parisiis 1672.
Godeau, Histoire de l'Eglise fol. 3. voll. Paris.
Blondel, de la Primauté en l'Eglise fol. Geneve 1641.
Sainte Bible, fol. Geneve 1678.
Historia Concilii Florentini fol. Hagæ comitis 1660
Amama, Antibarbarus Biblicus 4. Frankeræ 1656
Balinghem, loci Communes Script sacræ 4. Col. 1659
Bocharti, Geographia sacra 4 Franc. 1674.
Finchii, Mellificium Theologicum 4. Amst. 1676.
Biblia Hebraïca, Menasseh Ben Israël 4. Amst. 1635
Biblia sacra Vatabli 4 Hanoviæ 1605
Hulsii, examinis Catechetici Didactico-Polemici 4, 2,
  völl. Lugduni Bat. 1676.
Dallæus de Pœnis & satisfact. human. 4. Amst. 1649
De Dieu, in Episto Pauli ad Romanos 4. Lugd. 1646.
———— In Vetus Testamentum 4. Lugd. bat. 1646,
——— Hist Christi Persicæ & Lat. cum Rudimenta ling.
  Persicæ, & Hist. S Petri 4 Lugduni bat. 1639
Cappelli, Observatio. in N. Testamentum 4 Amst. 1657
Cameronis, Myrothecium Evangelic. 4. Salmur. 1677

3

Drusii Alphabet. Ebraicum vetus 4. Franskeræ 1609
——— In Prophetas minores 4. Amst. 1627
——— In Coheleth. 4. Amst. 1635
X Flockenii, opera Theologia 4. Daventriæ 1655
Essenius de satisfactio. Christi 4. Amst. 1649
Forbesius in Apocalypsim 4. Amst. 1646
Ganz Chronologia sacra profana 4. Lugd. bat. 1644
Heideggeri, Hist. sacra Patriarcharum 4. Amst. 1667
X Poiret, cogitatio. Rationa. de Deo, &c. 4. Amst. 1677
Revii Suarez repurgatus 4. Lugd. bat. 1644
Rittangelii liber Iezirah 4. Amst. 1642
X Retorfortius de Divina Providentia 4. Londini 1649
X Ruellius, & Hartmannus, Concilia illustrata per Ec-
clesiasticæ Historiæ 4. 4 voll. Noribergæ 1675
X Strangii de voluntate Dei 4. Amst. 1657.
Sibelii Hist. Hiskiæ Regis Judæ 4. Davantriæ 1643
——— Conciones Miscellanea 4. Davantriæ 1641
Spanhemii, de Gratia universali 4. Amst. 1649
Stresoni Conciones Miscellaneæ 4. Amst. 1654
Walemburch, de Missione Protestantium 4. Col. 1665
——— De Articulis necessar. essentialib. 4. Col. 1676
——— De Perpet. Prob. fidei per testes 4. Col. 1665
——— Examen principior. fidei 4. Col. 1664
Buxtorfi liber Cosri 4. Basilea 1660
——— Vindiciæ in Institut. SS. Cenæ, contra Ca-
pelli 4. Basilea 1646
——— Syllabus Controvers. Religio. 4. Basilea 1662
——— In Præceptum Decalogi 4. Basilea 1673
——— Tiberias 4. Basilea 1665
——— Exercitati. ad Hist. Arcæ fœde. &c. 4. Bas. 1659
——— De Sponsalibus & divortiis 4. Basilea 1652
——— De Punctis &c. in libris veteris Testamentis
Hebraïcis 4 Basilea 1643
——— Anticritica contra Capelli 4. Basilea 1653
——— Lexicon Chaldaïc. & Syriac. 4. Basil. 1622
——— Epito. Gram. Hebr. Terenti 8. Franck 1665
——— Synagoga Iudaïca 8. Basilea 1641. & 1661
——— De Abbreviaturis Hebraïcis 8. Basilea 1640
——— Grammaticæ Chaldaïcæ & Syriacæ 8. Bas. 1650
——— Florilegium Hebraïcum 8. Bas. 1648
——— Institutio Epistolaris Hebraïca 8. Bas. 1629
——— Thesaurus Gram. Ling. Hebr. 8. Basil. 1663

A ij

———— Lexicon Hebr. & Chaldaïcum 8. Baſ. 1663
———— Manuale Hebr. & Chaldaïcum 12. Baſ. 1658
Dallæus de uſu Patrum 4. Genevæ 1655.
———— Adverſus Lat de cultib. Relig. 4. 2. vol. Ge. 1671
———— De Scriptis Dionyſii Areopagitæ & Ignatii 4.
———— De Unctione & Extr. Unction 4. Gen. 1659
———— De Auriculari Lat. Confeſſione 4. Gen. 1661
———— Replique contre Adam & Cottiby 4. 1669
———— Apologia pro Eccleſiis Reformatis 8. Gen. 1677
———— Idem 8. Amſterodami 1652
———— De Iejuniis & Quadrageſima 8. Davantriæ 1654
———— De la Sainte Cene 8. Genevæ 1664
———— Sur le Chap. 3. de l'Evang. S Iean 8. Gen. 1666
———— Sur le X. Chapitre de la 1. Epiſtre de Saint
         Paul aux Corinthiens 8. Genevæ 1657.
———— Sur l'Epître 1. de S. Paul à Timothée 8. 2. vol.
———— Idem ſur la ſeconde 8 2. voll. 1659
———— Mélange de Sermons 8 2 voll. Gen. 1666
———— Sermons de la Naiſſance de I. C. 8. Gen 1665
———— XV. Sermons prononcez en divers lieux 8 Gen.
———— XXIII. Sermons ſur le XII. Chapitre de l'E-
         pitre aux Hebreux 8. Genevæ 1572
———— Ses deux derniers Sermons 8. Gen. 1671
———— De la creance des Peres ſur les Images 8 Gene.
Spanhemii diſputat. Theolog. Syntagma 4. Gen. 1652
Turretini de Satisfactione Chriſti 4 Genevæ 1667
Theſes Salmurienſis 4. 4. voll. Salmuri 1665
Theſes Sedanenſis 4. 2. voll. Genevæ 1661
Burmanni Synopſis Theologiæ 4 2. voll Genevæ 1678
Hiſtoire de l'Egliſe & de l'Empire par le Sueur 4. 4.
         voll. Genevæ 1674.
Concordantiæ Bibliorum 4. Lugduni 1677
Durandus de Ritibus Eccleſiæ 4 Lugd. 1675
Cyrilli Confeſſio Chriſtianæ fidei 8. Gr. & Lat.
Feri in Paſſionem I. C. 8 Gorichenis 1656
Fulgentii opera 8. Baſilea 1621
Hulſii, Specimina Theologiæ Hypotheticæ 8. 2. voll.
———— Mantiſſæ 8 Lugd. bat 1676
Maccovie Theſes Theologicæ 8. Franckeræ 1639
Paſoris Gram. Græca in N. Teſt. 8. Groningæ 1655.
Riveti Apologeticus pro ſuo de veræ & ſinceræ Pacis
         Eccleſiæ contra Grotii 8. Lugd. bat. 1643.

5

—— Epiftola de feneftutæ bona 8. Breda 1650.
—— Epiftolæ Apologeticæ 8. Breda 1648
—— Synopfis de Natura & Gratia 8. Amft. 1649.
—— Examen animadverfio. Hugonis Grotii 8.
—— Difput. XIII. De Iufta & gratiofa Dei 8.
Strefoni Technologia Theologica 8. Hagæ Comitis 1641
Sirmundus De Prædeftinatione 8. 1645
Sandii de Origine animæ 8. Cafmopoli 1671
—— Interpretationes in quatuor Evangelior 8.
Horftii Paradifus Animæ Chriftianæ 8. Col. 1670
Biblia Hebraica, Leufden, cum punctis 8. 2. voll. Am-
        ftelodami Typhis Jofephi Athias 1667
—— Idem Niffelii 8. Cumpunctis Lugd. bat. 1662
Hiftoire de l'Euchariftie de Larrogue 8. Amft. 1671.
Herault le Pacifique Royal en Ioye 8. Amft. 1665
Labadie, les Divins Herauts de la Penitence 8.
—— Le Heraut du grand Roy Jefus 8. Amft. 1667
Hotton, de l'Union des Eglifes Evangeliques 1647
—— Idem Latinæ 8. Amft. 1647
Amefii Bellarminus Enervatus 12. 17. voll. Amft. 1658
Auguftini Confeffiones 12. Lugd. bat. 1675
Bifterfeldius Redivivus 12. Hagæ-Comitis 1661
Bowle Paftor Evangelicus 12. Holl. 1659
Capelli Diatriba de veteris & antiquis Ebræor, litt. 12.
—— De Epifcopis 12. Amft. 1644
Gallonius de Martyrum Cruciatibus 12. Ant. 1668
Grotius de veritate Religio, Chriftianæ 12. Amft. 1675
—— Opufcula Quædam 12. Amft. 1652
Hulfii Pfalterium Hebraïcum 12. Lugd. bat. 1650
Maccovii Diftinctio & Regulæ Theolo. 12. Amft. 1656
Pafforis Manuale Novi Teftamenti 12. Amft. 1672
Pfalterium Davidicum 12. Lugd. bat. 1659
Horftii Parad. Animæ Chrift. 12. Col. 1675
Riveti de Origine Sabbathi 12. Lugd. bat 1633
—— Inftructio ad Sacram Domini Menfam 12. 1656
Savanarolla de Simplicitate Chriftianævitæ 12.
—— Triumphus Crucis 12. Lugd. bat. 1633
Sulpitii Severi Hift. Sacra 12. Lugd. bat. 1643
Typotii, Symbola divina & humana 12. Arnh. 1666 C fig.
Walenburch. de Controverfiis 12. Col. 1667
Sunima D. Thomæ 12. 10. voll Lugd. 1673
Biblia facra 12. 8. voll. Col. 1666

———— Junii & Tremelli 12. Amſt. 1669
Novum Teſtam. Græcum Curcellæi 12. Amſt. 1675
———— Latinæ Bezæ 12. Amſt. 1631
Nouveau Teſtament 12. Mons 1672
Engelgrave, Cælum Empyricum 12. Col. 1669.
———— Celeſte Pantheon 12. Col. 1659
———— Lux Evangelica 12. 2. voll. Col. 1655
Epiſtres des Apoſtres de Diodati 12. Amſt. 1667

JURIDICI.

D'Argentræy ad Conſuetudines Britanniæ fol. Am-
     ſtelodami 1664. fin papier.
Cironii Opera in Ius Canonicum fol. Toloſæ 1645
Corpus Civile fol. 2. voll. Amſtelodami 1663
Traité de l'Abus de Feveret fol. 2. voll. Lyon. 1677
Oeuvres de Deſpeiſſes fol. 4. voll. Lyon 1677.
Stracca de Mercatura fol. Amſt. 1669.
Rebuffi in Conſtitutiones Regias fol Amſt. 1668
Alderiſii de Symboliciis contractibus. fol. Genevæ 1678
Bichii deciſiones Sacræ Rotæ Rom. fol. 2. voll. 1673
Couaruvias Opera omnia fol. 2. voll. Genev. 1679
Gallerafii de Renontiationibus fol. Genevæ 1678
Hodierna ad Petri Surdi deciſiones fol. Genev. 1677
———— Controverſiarum forenſium fol Genev. 1667
Oldenburgii Limnæus Enucleatus, ſive Pandectæ Juris
     Publici Imperii Romano - Germanici fol. 2. vol.
De Oliva, è Souza, Tractatus de foro Eccleſiæ fol.
Heringus, Tractatus de fidei juſſoribus fol. Gen. 1675
Scaccia de Commerciis & Cambiis fol. Gen. 1664
———— Tractatus de Sententia & Rejudicata fol.
Viviani de Iure Patronatus fol. Genevæ 1673
Peregrini de fidei commiſſis fol. Lugd. 1670
Ayora, De Partionibus, & de Otero, de Paſcuis &
     Iure Paſcendi fol Lugd. 1677.
Amerez, de Maioratibus, & Meliorationibus Hiſpaniæ
     fol. 2. voll. Lugduni 1678
Parladorii, Opera juridica fol. Lugd. 1678.
Grañinito ſuper decretales fol. Lugd. 1678
Carvalho de Quarta Legitima, Falcidia & Trebellia-
     nica fol. Lugd. 1676
Ybañez de Faria, additio. ad Couaruvias fol. Lugd. 1676
Guzman, de Evictionibus fol. Lugd. 1676
Guazzini de Confiſcatione bonorum fol. Lugd 1676

Barry de Succeſſionibus fol. Lugd. 1671.
Fermoſini Criminalia fol. 2. voll. Lugd. 1670.
Barboſa de Matrimonio fol. 2. voll. Lugd· 1678
✗ Corciada Deciſio. Cathaloniæ fol 2. voll. Lugd. 1677
✗ Matthæu , & Sanz Tractatus de Regimine Regni Va-
           lantiæ fol. Lugd. 1677
Oeponi, Diſceptat. forenſes fol. 5. voll. Lugd. 1677
Brunnemannus in Codicem fol. Lugd. 1669
Syntagma Iuris Univerſi, fol. Francf. 1611
Corpus Iuris Canonici fol. 3. voll. Lugd. 1671.
Iournal des Audiances du Parlement par du Freſne fol.
           3. voll. Paris 1678
Mornacii Opera fol. 4. voll. Pariſiis 1654
Codex Theodoſ. Gothofredi fol. 6. voll. Lugd. 1665
✗ Brower, de Iure Connubiorum 4. Amſt. 1665
Limnæus in Auream Bullam 4. Argentorati 1662
──── Iuris Publici Imp. Rom. Germ 4.5. v. Argent. 1657
──── Capitulatio. Imperato. & Reg. Romano. Ger-
           no. 4. Argent 1651
Ruellius, & Hartmannus, Concilia illuſtrata per Ec-
           cleſiaſticæ Hiſtoriæ 4. 4. vol. Noribergæ 1675
Perezius ad Digeſta 4. Amſt. 1669
──── In Codicem 4 2 voll. Amſt. 1671
Corvinus in Codicem 4. 2. vol. Amſt. 1655
Weſembecii Paratitla cum notis Bacchovii 4. Amſt.
Vinnius ſuper Inſtituta 4. Amſt. 1665
Gudelinus de Iure noviſſimo 4. Francf. 1668
✗ Galvani. de Uſu Fructu 4. Genevæ 1676
Bacchovii ſuper inſtituta 4. Franc. 1661
Corpus Canonicum 4. Coloniæ 1670
Cabaſſutii, Ius Canonicum 4. Lugd. 1675
Maymonidis, Canones Ethici 4. Amſt. 1640
──── Conſtitutio. de Fundamentis legis 4. Amſt. 1638
✗ Chriſtenii de Cauſis Matrionalibus Diſſertatio 8 1663
Giphanius de Regulis Iuris 8. Francf. 1606
Graſwinckelii de Iure Precedentiæ 8. Lugd. bat. 1644
Labiti Index Legum omnium in Pandectas 8. 1674
Pufendorf, elementa Iuris prudentiæ univerſalis 8. 1660
∗ Peckii ad Rem nauticam 8. Amſt. 1668
Steinbergii ad Inſtituta 8 Groningæ 1643
Taxa Cancellariæ Apoſtolicæ 8. 1664
Loeuvii de Origine & Progreſſu Iuris Civilis Rom. 8.
           Lugd bat. 1675

Caniſii Summa Iuris Canonici 8. Aut. 1643
Bronchort de Regulis Iuris 12. Amſt. 1665
Covinus Ius Canonicum 12. Amſt. 1663
——— Ad Digeſta 12. Amſt. 1664
——— Super inſtituta 12. Amſt. 1664
——— Elementa Iuris Civilis 12. Amſt. 1664
——— Poſthumus Pacianus 12. Amſt. 1659
Duck, De Autoritate Iuris Civilis 12. Lipſiæ 1676
Matthæus ad Inſtituta 12 Amſt. 1657
Perezii ſuper Inſtituta 12. Amſt. 1669
Pacis ſuper Inſtituta 12. Amſt. 1642
Vinnius ſuper Inſtituta 12. Amſt. 1663
——— Tractatus de Pacis 12. Lugd. bat 1646
Theophili Inſtitutiones 16. Græc. & Lat. Gen. 1610
Inſtitutiones Iuſtiniani 24. Amſt. 1676 nigri
——— Idem Rubro nigri.

·MEDICI ET CHYMICI·

Aldrouandi Dendralog. ſive de Arboribus fol. Bononiæ 1668
Ionſtonus de Animalibus fol. 4. vol. Amſt. 1649
Malpighii Anatome Plantarum fol. Londini 1675
Muſæum wormiar, ſive Hiſt. Rer. Rarior. fol Amſt 1655
Piſonis, Hiſt Nat. Braſiliæ fol Amſt. 1659
Willghbeii Ornithologiæ fol. Londini 1676
Chabræus, Stirpium Icones & Sciographia fol. 1677
Fortis Conſultat. & Reſponſio Medecin. fol. Gen. 1677
Hipocratis Opera Fœſii fol. Græc. & Lat. Gen. 1657
Zwelferi, Pharmacopea Auguſtiana fol. Noribergæ 1667
Ecriteaux pour les Apoticaires.
Matthiolus, Bauhini fol. Baſilea 1674
Sennerti Opera Medica fol. 6. vol Lugd. 1676
Borrichii, de Ortu & Progreſſu Chemiæ 4. 1668
Bauhini Pinax Theatri Batanici 4. Baſilea 1671
——— Prodromus 4. Baſilea 1671
Pharmacopea Auguſtana Reſtituta Scrockii 4. Aug. 1673
Daviſſons in Severinum Danum 4. Hagæ 1660
Fernelii Opera 4 Ultrajecti 1656.
Horſti Opera Medica 4. Goudæ 1661
Kerkringii Spicilegium Anatomicum 4. Amſt. 1670
Licetus de Monſtris 4. Amſt 1665
Pharmacopea Hagienſis 4. Hegæ Comitis 1659
Neandri Tabacologia 4. Lugd. bat. 1626

Sinibaldi, Geneantropeia, five de Hominis Generatio,
  Decæteuchon 4. Francf. 1669
Veslingii Syntagma Anathomica Blasii 4. Amst. 1666
Vannus Chimica 4. Amst 1666
Bartholini Acta Medica & Philosophica Hafniensia 4.
  3. vol. cum figuris, Hafniæ 1673
Boile Opera Varia 4. Genevæ 1677
Langii Miscellanea Curiosa Medica 4. Lipsiæ 1666
Rolfincii de Purgantibus Vegetabilibus 4. Ienæ 1667
———- Concilia Medica 4 Ienæ 1669
Timei Opera Medico-Practica 4. 2. vol. Lipsiæ 1677
Willis Opera 4. 2. vol. Genevæ 1676
——— Idem Lugduni 1676
Marc Aurele Severin, de la Medecine efficace , ou
  Cours de Medecine 4. 4. vol. Geneve 1668
Diemerbroeck , Anathomia 4. 2. vol. Ultrajecti 1672
——— Idem 4. Lugduni 1679 cum figuris.
Glissoni de Natura substantia 4. Londini 1672
Cours de Medecine en François par Meissonnier 4. Lyon
Bartholini Hist. Anatomicar. Rarior. Centuria prima
  usque ad sexta 8. Amst. 1634
Blasii Zootomia 8. Amst. 1676
Beverovici Idea Medecinæ veterum 8. Lugd. bat. 1637
X Birrius de Metallorum transmutatione 8 Amst. 1668
Albini Bibliotheca Chemica Contracta 8, Gen. 1673
X Ammann, Supellex Botanica 8. Lipsiæ 1675
Catalogus Plantarum circa Cantabrigium nascentium 8.
Eugalenus de Scorbuto 8. Hagæ Comit. 1659
Freitagii Novæ Sectæ Sennerto-Pæracelsicæ 8. 1637
Frundeck, Tractatus de Elexire Arboris vitæ 8. 1660
Graaf Opera Anathomica 8. Lugd bat. 1672
——— Idem 8. Lugduni 1678 cum figuris.
Gœdaert, Hist. nat. des Insectes 8. Lat. & Fr. 4. v. Midelb.
Grube, de modo simplicium Medeamentor. 8. 1668
X Hobockeni Secundinæ Vitulinæ Anatomia 8. 1672
——— Anatomia Secundinæ Humanæ 8. 1669
Lower de Corde 8. Amst. 1669
Palmari de Morbis Contagiosis 8. Hagæ Comitis 1664
Plateri Observationes 8. Basilea 1641
Septalii Animadversiones Medicæ 8. Dordrechti 1650
Sebizius de Acidulis 8. Argentorati
Tulpii Observationes Medicæ 8. Amst. 1672

Zacchariæ de Vrinis 8. Ultrajecti
Theatrum Chymicum 8. 6. vol. Argentorati 1659
Bartholini Anathomica 8. Lugd. bat. 1674
——— Idem Lugduni 1677
Sculteti Armamentarium Chirurgicum 8. Hagæ 1662
——— Idem 8. Venetiis 1665.
Hipocratis Opera 8. 2. vol. Gr. & Lat. Lugd. bat. 1665
Trufton de Refpiratione 8. Lugduni bat. 1671
Chymie de le Febvre 8. 2. vol. Paris 1640
——— Idem 12. 2. vol. Paris 1669
✗ Recherches & Obfer. Naturel. de Boccone 8. Amft 1674
Oevres Chirurgique & Anath. de Barbette 8. Gen 1675
La Medecine domeftique, où l'Apoticaire, le Chirur-
        gien & le Medecin charitables 8. Geneve 1673
Toutes les Oeuvres de Glauber en Allemand, Amft.
Cours de Chymie de Thybault 8. Paris 1667
Oeuvres Chirurgicales d'Aquapendente 8. Lyon 1674
Antimonis curfus triumph. Kerkringii 12. Amft. 1671
✗ Acta Societatis Regis in Anglia 12. 5. vol. Amft. 1672
Albertus Magnus de Secretis Mulierum 12. Amft. 1669
Becheri Oedifpus Chymicus 12. Amft. 1664
✗ Brandelii Chymica 12. Lugduni bat. 1671
✗ Ballonis, Pharos Medicorum 12. Genevæ 1668.
Burnet, Thefaurus Medi. Practicæ 12. 2. vol. Gen. 1678
Cordi difpenfatorium, five Pharmacor. Conficiendor.
        Ratio 12 Lugd. bat. 1651
Charleton de Scorbuto 12. Lugd. bat. 1672
Gliffonii Anathomia Hepatis 12. Amft. 1659
Hofmannus contra Montanû de Morbis 12. Amft. 1641
Ionftonus Thaumatographia Naturalis 12. Amft. 1675
Lemnii Occulta naturæ miracula 12. Holl.
Marchetti Anathomia 12. Holl 1656
——— Obfervatio Medico-Chirurgi 12. Amft. 1665
Morelli Methodus Prefcribendi formulę 12. Amft. 1665.
✗ Nuyfement, Tractatus de Vero fale 12. Lugd. bat. 1672
Needham, de Formato fœtu 12. Amft 1668
Pharmacopea Higienfis 12. Hagę-Comitis 1659
Plaffonus de Partibus Generationis 12. Lugd. bat. 1664
Prevotii Artem Componendi Medica. 12. Amft. 1665
Redii de Infectis 12. Amft. 1671
——— Experimenta Naturalia 12 Amft 1675
✗ Swale, Alcali & accidum 12. Amft. 1670.

—— Querellæ de Ventriculo. 12. 1664
Tachenii Hipocrates Chymicus 12. Lugd. bat. 1671
warthonii Adenograph five de Gland. 12. 1664 & 1671
Pharmacopea Londini 24. Lugd. bat. 1677
—— Ultrajectina 24. Ultrajecti 1664
Manuale Medicorum 24. Londini 1659
Cremovinus de Calido Innato 24. Lugd. bat. 1634
Medecins à la cenfure, ou entretiens fur la Medecine
   12. Paris 1677
Secret des Eaux Minerales Acides. 12. Paris 1677

MISCELLANEI.

X A Tlas Contractus fol. Amft. 1666
  —— Idem Minor 4. Amft. 1676
  —— Idem Atlas de mer 4.
  —— Idem pour les Pillotes.
Baconi Opera fol. Francf. 1665
Chytræi Saxonia fol. Lipfiæ 1611.
Cellarii Architectura Militaris fol. en Allemand, Amft.
   1656 cum figuris.
X Corthymii Florilegium Hiftoricum fol. Francf. 1676
Eufebii Chronicum C. Notis Scaligeri fol. Amft. 1658
Guerieke, Experimenta de Vacuo fpatio fol. Amft. 1672
Lucii de Regno Dalmatiæ & Croatiæ fol. Amft. 1666
Hofpiniani Hift. Iefuiftica fol. Tiguri 1670
Herrera Defcriptio Indiæ Occidentalis fol. Amft. 1622
Vitruvii Architectura fol. Amft. 1649
Kirckerii, Oedippus Ægyptiacus fol. 4. vol. Romæ 1652
  —— Obelifcus Ægyptiacus fol. Romæ 1666
  —— De Arte Magnetica fol. Romæ 1654
  —— Mufurgia fol. 2. vol. Romæ 1650
X —— Arca Noë fol. Amft. 1675
  —— Ars magna lucis & umbra fol. Amft. 1571
  —— Combinatoria fol. Amft. 1669
X —— Sphinx Myftagoga, five de Mumiis fol. Amft. 1676
  —— Latium fol. 1671
  —— Hiftoire de la Chine fol. Amft. 1667
  —— Splandor & Gloria domus Ionniæ 4.
X —— Prodomo Apologetico 4. Amft. 1677
  —— Magnetium naturæ Regnum 12. Amft.
X Lansbergii Opera Aftronomica fol. Migdelburgii 1663
Morini Aftrologia Gallica fol. Hagæ-Comitis 1661
Matthæi Parifienfis Opera fol. Parifiis 1644

Golii Lexicon Arabicum Latinum fol. Lugd. bat. 1653
Goldasti Alemanicarum rerum fol. Francf. 1671
Patini Familiæ Romanæ fol. Parisiis 1663
——— Numifmata Imperatorum fol. Argent. 1671
Osiandri, Chronotaxis Hist. Patriarchar. Regum &c.
     fol. Tabingæ 1673
Gafpari Schotti Curfus Mathematicus fol. Bamberg. 1677
——— Technica Curiofa 4. Noribergæ 1664
——— Schola Steganographia 4 Noribergæ 1665
——— Phyfica Curiofa 4 Noribergæ 1667
——— Organum Mathemat 4. Noribergæ 1668
——— Mechanica Hidraulico - Pneumatica 4. Franc. 1658
Ritterhufii Genealog Imp. Reg. Ducum &c. f. Tub. 1674
Roma Subterranea fol. Coloniæ 1659
Voffius de Idololatria fol. 2. vol. Amft. 1668. carta max.
——— Idem 4. 2. vol. Francf. 1675
——— Etymologicum Linguæ Lat. fol. Amft. 1662
——— De Arte Grammatica 4. Amft. 1662
——— Chronologiæ facræ Ifagoge 4 Hagæ comi. 1659
——— Thefes Theologicæ & Hiftoricæ 4. Hagæ 1658
——— De Quatuor Artibus Popularibus 4. Amft. 1660
——— Obferv. ad Poponium Melam 4. Hagæ 1658
——— De Veterum Poetarum temporibus 4 Amft. 1662
——— Harmoniæ Evangelicæ 4. Amft. 1656
——— De Hiftoricis Latinis 4. Lugd. bat. 1651
——— Hiftoria Pelagiana 4. Amft. 1655
——— De 70. Interpretibus 4. Hagæ comitis 1661
——— Appendix ad Librum de 70 interpretib. 4. 1663
——— De Logic. & Rhetor. natu. & conftitut. 4. 1658
Pluvinel, Art de monter à cheval fol. Amft 1666
Laet, Hift. des Indes Occidentales fol. Leyde 1640
Hiftoire des Princes & Principautés d'Orange fol. 1639
Grotius, Annales & Hift. des Pays-bas fol. Amft. 1662
Cafimir Siemienowicz. grand Art d'Artill. f. Amft. 1651
Hift. de Frederic Henrici de Naffau Prince d'Orange fol.
Alderifii de Symbolicis Contractibus fol. Gen. 1678
Corthymii Florileg. Hift. Sacro. proph. fol. Franç. 1676
Fetrari, Lexicon Geographicum fol. Senaci 1677
Hofmanni, Lexicon Univerfale fol. 2. vol. Bafil. 1677
Indices libror. prohibitor. & expurgandor. noviffimi
     Hifpanicus & Romanus fol. 2. vol. Madriti 1667
Scaliger, de Emendatione Temporum fol. Gen. 1662

Chronologie

Chronologie de Gaultier fol. Lyon 1673
Palianthea Langii fol. Lugd. 1669
Pappus Alexandrinus Commandini fol. Bononiæ 1660
Riccioli Almageſtum novum fol. 2. vol. Bononiæ 1651
———— Chronologia Reformata fol. Bononiæ 1669
———— Aſtronomia Reformata fol Bononiæ 1665
———— Geographia & Hydograph. Ref. fol. Vene 1672
Alfraganus, elemen. Aſtrono, Golii 4 Arab. & Lat Amſt.
Aitzema, Hiſtoria Pacis 4 Lugd. bat. 1654
Borrichii, Cogitationes de variis Lat. ling. Ætat. 4. 1675
Dictionnaire Flamand, François de Darſy 4. Amſt. 1676
Cluverii Introduct. in Univerſ. Geograph. tam vet.
        quam novum 4. Amſt. 1676 cum figuris
Colomeſii Gallia Orientalis 4. Hagæ-comit 1645
Catalog. Bibliothecæ Publicæ Amſt. 4. Amſt 1668
Des-Cartes Opera Philoſophica 4. Amſt. 1672
———— Epiſtolæ 4. 2. vol. Amſt. 1668
———— Tractatus de Homine, de la Forge 4 Amſt.1677
———— Muſicæ compendium 4 Amſt. 1656
———— Meditationes 4. Amſt. 1670
Deuſingius de Syſtemate mundi 4. Amſt. 1643
Longi Paſtorali de Daphnide & Cloe 4. Gr. & Lat. Frang.
Gravii Epocke Celebriores, Aſtronomicis Hiſt. Chro-
        nolog. 4 Londini 1650
Gilberti Philoſophia nova 4. Amſt. 1651
Gentii Hiſtoria Iudaïca 4. Amſt. 1651.
Gaſſandi in Meditationes Des-Cartes 4. Amſt.1644
———— Vita Tyconis Brahæ 4. Hagæ-comitis 1655
———— Philoſophia Epicuri 4 Hagæ-comitis 1659
Gæſii, Rei Agrariæ 4. Amſt. 1674
Heſychii Lexicon Schrevelii 4. Lugd. bat. 1668
Hugenii de Circuli magnitudine inventa 4 Lugd bat.1654
Hobbes Opera Philoſophica omnia 4 2. vol. 1668
Meibomii, Muſicæ antiquæ script. 4. Amſt. 1652
Maccovii Opuſcula Philoſophica omnia 4. Amſt 1660
Octavius Minucius Felix, Ouzelii 4 Lugd. Bat. 1652
Ludolphi Lexicon Ætiopico-Latinum 4. Londini 1661
Leuſden Philologus Hebræus 4. Ultrajecti 1657
Palmerii exercitatio. in optimo fere, Autores Græcos 4.
        Lugduni bat. 1668
Origenis Dialogus contra Martionitas 4 Baſ. G L 1674
Mercurialis de Arte Gymnaſtica 4. Amſt. 1672

Pignorii Menſa Iſiaca 4. Amſt. 1669
——— Magnæ Deum Matris Ideæ 4. Amſt. 1669
——— Manus Æneæ Cecropii votum 4. Amſt. 1670
Neandri Tabacologia 4. Lugd. bat. 1626
Chriſtiano Matthiæ Theatrum Hiſt. de quatuor Mo-
     narchiis 4. Amſt. 1668
✗ Raci, clavis Philoſophiæ Naturalis 4. Amſt. 1677
Regii Philoſophiæ Naturalis 4. Amſt. 1671
Schefferi de Militia Navali Veterum 4 Upſaliæ 1654
Schuleri, Examinis Philoſophiæ Renati Des-Cartes Spe-
     cimen 4. Amſt. 1666
✗ Schroder, Faſti Romanorum Liviani 4. Gedani.
Seldeni Uxor Ebraïca 4. Francf. 1673
Thiſii Hiſtoria Navalis 4. Lugd. Bat. 1657
✗ Le Jardinier Hollandois, Allem. & Franç. 4. Amſt. 1669
Vie de François Seigneur de la Nouë, dit bras de fer,
     par Amirault, 4. Leyde 1661.
Vie de Pleſſis Mornay, 4. Leyde 1647
——— Memoires, 4. 2 voll. Amſt. 1652
Duez, Dictionnaire François, Allemand, Latin, 4.
     2 voll. Amſt. 1654
Mezeray, 4. 3 voll. Paris 1667
Caſauboni exercitat. contra Baronii, 4 Gen. 1663
Caſſiodori Opera, 4. Genevæ 1663
Dictionnarium Hiſt. Geograph. Poët. 4. Gen. 1660
Index Thuani, 4. Genevæ 1634
Hiſtoria Deorum Fatidicorum. 4. Genevæ 1675
Pancirolli Rerum memorabilium, 4. Francf. 1660
Schneideri de Pſalmor. natura & ſubjectio, 4. 1678
Schefferi de Re Vehiculari veterum, 4 Francf. 1671
L'Europe vivante, ou Relation nouvelle, Hiſtorique &
     Politique de tous ſes Eſtats, 4. Geneve 1667
De Bruyn, de Natura & proprietate lucis, 4. Amſt. 1663
Ciceronis Opera, 4. Genevæ 1660
Le Grand, Inſtitutio Philoſophiæ ſecundum Principia
     Renati Des-Cartes, 4 Londini 1678
Dictionnaire Royal augmenté de nouveau du P. Po-
     mey, 4. Lyon 1677
✗ Torre Blanca de Magia, 4. Lugd. 1678
Voyages de Monconys. 4. 3 voll. Lyon 1665
Ælianus Variæ, Hiſt. Schefferi 8 Gr. & Lat. Argent. 1662
✗ Alting, Synopſis Inſt. Chald. & Syrarum 8. Gron. 1676

Barlæi Epistolæ, 8. 2. voll. Amst. 1667
Birrius de Metallor. transmutatione, 8. Amst. 1668
Conjectura de Gog & Magog, 8. 1645
Comenius Janua ling. 8. Lat. Allemand & François,
    8. Amst. 1662.
————— Græc. Lat. & Galli. 8. Amst 1665
Teforo de las dos lenguas Española y Francesa de Cesar
    Qudin, 8 Lyon 1675
Nuovo Dizzionario Italiano Francese, e Francese Ita-
    liano, Agguintovi un Terzo Dizzionario Latino
    Francese e Italiano, 8 3. voll. Genevæ 1677
Duez, Dictionnaire Italien, Franç 8 2. voll. Gen. 1664
————— Guidon de la Langue Françoise 8. Amst 1669
————— Nomen clatura quatuor linguar. 8 Amst. 1663
————— Guidon de la Langue Italienne 8. Amst 1670
————— Compend. Gram. Germanicæ 8. Amst 1668
Dictionn. Franç. Allem. Lat. de Stoer 8. 2. v. Gen. 1678
—————————— Idem 8. 2. vol. Basle 1675.
Octoglotton ou Phrafeologia en 8. langue 8. Amst. 1673
Vestibule, François, Anglois & Flam. 16. Dordrecht 1662
La Clavicule de la langue Franç & Flam. 8. Amst. 1656
L'Antigrammaire de Pielat Franç. & Flam. 8. Amst 1672
Grammaire Angloife & Franç. de Festeau 8. Lond. 1675
Entretiens familiers, Flamand & François 8. Amst. 1675
Etymologie, ou explication des Proverbes François 8.
      à la Haye 1656
Erasmi de Civilitate in Morum Puerilium 8. Amst. 1668
Erpennii, Epitome Gramm. Ebreæ, Syræ & Chaldææ
      8. Lugd. Bat. 1659
Figrelii de ftatuis Illustrium Romanor. 8. Halfeniæ 1656
Gravii Historia Philofophica 8. Frankeræ 1674
Gafarel, Curiofitates inauditæ, cum notis Gregorii Mi-
      chaëlis 8. Hamburgi 1676
Helueti Tractatus de Physionomia 8. Amst. 1676
Hafii Tractatus Tres 8. Amst. 1664
Heinfii (Nicolai) Poëmata 8. Amst. 1666
Hugenii Momenta defultoria Poëm. 8. Hagæ-Com. 1655
Kellei de Lapide Philofophor. 8 Hamburgi 1676
Luciani Pfeudofophista, feu, Soloccista, Dialogi 8. Gr.
      & Lat. Amst. 1668
Lavanda notæ Astrum in extinctum 8. 1641
Langii introitus Apertus 8. Amst. 1667

Melanchtonis Epiſtolæ 8. Lugd. Batav. 1647
Olai, Hiſtoria Suecorum 8. Holſeniæ 1654
Othonis, Lexicon Rabinico Philologium 8. Gen. 1675
Pſelli, Compendium Mathematicum 8. Lugd. Bat. 1647
Peckii ad Rem Nauticam 8 Amſter. 1668
Poëmata ſeptem illuſtrium virorum 8. Amſter. 1672
Riverius contractus 8. Baſil. 1643
Schoonhovii Poëmata 8. Lugduni Bat. 1613
Scioppii Opuſcula 8. 6. voll. Amſt.
Salmaſius funus linguæ Helleniſticæ 8. Lugd. Bat. 1643
————de Annis Climatericis 8. Lug. Bat. 1648
Sirmundus de Prædeſtinatione 8. 1645
Seldenus de Dis Syris 8. Lipſiæ 1668
Sachs, Macro microcoſmicus 8. All. 1664
————Gammarorum 8. Francf. 1665
Schikardi Horologium Hebræum 8. Tubingæ 1670
Terenti Gymnaſii Chaldaïci 8. Frankeræ 1664
Voſſii Grammatica Græca 8. Amſt. 1672
———— Grammatica Latina 8. Amſt. 1662
———— Elementa Rhetorica 8. Amſt. 1674
Teſmari Rhetorica 8. Amſt. 1657
Tertullianus de Pallio 8. Lugd. Bat. 1656
Polydorus Virgilius Hiſtoria Anglica 8. Lugd. Bat. 1651
Lipſii Opera 8. 4. vol. Veſaliæ 1675
Grotius de Jure Belli ac Pacis 8. Amſt. 1670
Tractatus Variorum de Arte memoria 8. Francf. 1678
Cleopatre, Roman. 8. 12. vol. Leyde 1648
Fortification d'Anthoine de Ville 8. Amſt. 1672
Strada des Guerres de Flandre 8. 2. vol. Holl. 1665
Abregé de l'Hiſtoire generale des Suiſſe 8. Genevæ 1666
Hiſtoire de la Societé Royale de Londre 8. Gen. 1669
La Cour d'Amour, ou les Bergers Galans 8. 2. v. Par. 1667
Raymundi Lulii Opera 8. Argent. 1651
Aſconius Pedianus 12. Lugd. Bat. 1675
Aphthonii Progymnaſmata 12. Amſt. 1665
Auguſtini Confeſſiones 12. Lugd. Bat. 1675
Aulus Gellius noctes Atticæ 12. Amſt. 1665
Agrippa de Vanitate Scientiar. 12. Hagæ-Comit 1662
Admiranda Rerum memorabilium Encomia 12. 1677
Apulei Opera 12. Lugd. Bat. 1623
A lapide, de Ratione ſtatu Imperii 12. Freiſtadii 1647
Acta Societatis Regiæ in Anglia 12. 5. vol. Amſt. 1672

Barlæi Orationes 12. Amst. 1661
Brachelii Histor. Nostri Temporis 12. Amst. 1655
Barclay Argenis 12. Amst. 1671
Betlini Rerum Transylvaniarum 12. Amst. 1664
Bartholini de Armillis veterum Schedion 12. Amst. 1676
Boyle Tentamina 12. Amst. 1667
——— de Atmo-Sphæris 12. Lugd. Bat. 1676
Bekker de Philosophia Cartesiana 12. Vesalia 1668
Boxhornii institutiones Politicæ 12. Amst. 1668
Balduinus de Calceo & Nigronius de Caliga veterum
     12. Amst. 1667
——— de Aura & Auro 12. Amst. 1675
Bellini de Structura & usu Renum 12. Amst. 1665
Cardani de vita Propria 12. Amst. 1654
Contarenus de Frumentaria 12. Vesaliæ 1669
Catalogus librorum D. Elzevier 12. Amst. 1674
C. Cæsaris, Scaligeri 12. Lugd. Bat. 1675   [1661
Cluverii introduct. ad univers. Geogr. 12. C. fig. Amst.
Conciones & Orationes ex Historicis Lat. 12. Amst. 1662
Ciceronis Opera 12. 10 vol. Amst. 1659
——— de Officiis 12. Amst. 1677
Democritus Ridens 12. Amst. 1655
Elenchi motuum nuperor. in Anglia 12. Amst. 1663
Euclidis Elementa, Melaer 12. Amst. 1673
Erasmi Colloquia 12. Amst. 1662
——— Vita 12. Lugd. Bat. 1649
——— Enchiridion militis Christiani 12. Lugd. Bat. 1641
——— Adagiorum. Epitome. 12. Amst. 1663
——— de Copia Verborum 12. Amst. 1662
——— Lingua 12. Lugd. Bat. 1649
——— Flores 12. Lugd. Bat. 1645
——— Opuscula 12. 19. vol. Holl.
Froissardus & Cominæus 12. Amst. 1656
Frontini Stratagemata 12. Amst. 1675
Fienus de Viribus imaginationis 12. Amst. 1658
Frischelini faceciæ facetiorum 12. Amst. 1651
Florus Salmasii 12. Amst. 1664
——— Cum notis Min-elli 12. Rotterodami 1670
Farnabii, Virgilius 12. Amst. 1677
——— Index Rhetoricus 12. Amst. 1671
——— Metamorph. 12. Amst. 1671
——— Terentius 12. Amst. 1669

——— Lucanus 12. Amſt. 1645

Horatius Bond 12. Amſt. 1676

Perſuis Bond 12. Amſt. 1659

Guicciardini deſcriptio Belgicæ 12. Amſt. 1660 C. fig.

Gallonius de Martyrum Cruciatibus 12. Amſt. 1668

✗ Geiſleri de ſtatu Politico 12. Amſt. 1656

Grotius de Imperiis 12. Amſt. 1677

——— de veritate Religione Chriſti. 12. Amſt. 1675

——— Opuſcula Quædam 12. Amſt. 1652

Gruë, Grammatica Gallica 12. Amſt. 1671

Hygini fabulæ 12. Amſt. 1670   [1667

Hegenetii Itinerarium Friſio-Hollandicū 12. Lug. Bat.

✗ Hemſterhuys de Arthriditæ 12. Leouardiæ 1666

✗ Hiſtoria Jacobitarum 12. Oxoniæ 1675

Hulſii Pſalterium Hebraïcum 12. Lugd. Bat. 1650

Hobbes de Cive 12. Amſt. 1669

Heinſii de Conſtitutio. Tragediæ 12. Lugd. Bat. 1643

——— Poëmata 12. Amſt. 1649

Hornii Ulyſſea 12. Lugd. Bat. 1671

———Orbis Politicus 12. Lugd. Bat. 1668

———Orbis Imperans 12. Lugd. Bat. 1669

———Hiſtoria Naturalis 12. Lugd. Bat. 1670

———Arca Moſis 12. Lugd. Bat. 1669

——— Arca Noë 12. Lugd. Bat. 1666

Joannis ſecundi Opera 12. Lugd. Bat. 1651

Juſtinus Voſſii 12 Amſt. 1643

Jonſtonus Thaumatographia naturalis 12. Amſt. 1675

Keuchenii Antonius Pius 12. Amſt. 1667

Kirchmanni de Annulis 12. Lugd. Bat 1672

——— de funeribus Romanorum 12 Lugd. Bat. 1672

Lipſii & alter. Authoris de Cruce 12. 4. v. Amſt. & Ant.

Lubini Clavis Græcæ linguæ 12. Amſt. 1664   [1670

Lemnii occulta Naturæ miracula 12 Holl.

Macchiavelli Hiſt. Florentinæ 12. Hagæ-Comit. 1638

Magnenus Democritus Reviviſcens 12. Hagæ-Com. 1658

Menagii Poëmata 12. Amſt. 1663

Menaſſeh ben Iſraël de Termino Vitæ 12. Amſt. 1639

Naudæi Epiſtolæ 12. Genevæ 1667

Ovidius Heinſii 12. 3. vol. Amſt. 1661

Poſtelli, abſcouditi à Conſtit. mundi Clavis 12. Amſt. 1646

✗ Phoſphori Auſtriaci de Gente Auſtriacæ 12. Louv. 1665

Polydorus Virgilius de Rerum Inventor. 12. Amſt. 1672

Platina de Vitis Pontificum 12. 1664
Porta Magia naturalis 12. Amst. 1662
Placii, Carminam Puerilium 12. Amst. 1668
Prudentius Heinsii 12. Amst. 1667
Pignorius de Servis 12. Amst. 1674
Q. Curtius 12. Amst. 1670
———— Loccenii 12. Amst. 1671
Redii de Insectis 12. Amst. 1671
———— Experimenta Naturalia 12. Amst. 1675
Rycquii de Capitolio Romano 12. Lugd. Bat. 1669
Rutcovii Creticæ 12. Amst. 1650
Radau, Orator extemporaneus 12. Amst. 1673
Scioppy infamia famiani 12. Amst 1663
Savilius in Tacitum 12. Amst. 1649
Vita Alphonsi Regis Arragoniæ 12. Amst 1646
Saluftius Crispii 12. Amst. 1675
Sande, Epitome Hist. Belgicæ 12. Ultrajecti 1652
Solerius de Pileo 12. Amst. 1671
Scheli de Iure Imperii 12. Amst. 1671
Salmasius deffensio Regia 12. 1652
Strabo de situ orbis 12. 2. vol Amst. 1656
Sulpitii Severi Opera 12. Amst. 1656
Tacitus 12. Amst. 1649
Tomasini de Tesseris Hospitalitatis 12. Amst. 1670
Thilonis Curtius Orator 12. Amst. 1664
Terentius Heinsii 12. Amst. 1667
Wendelini Logicæ Institutio. 12. Amst. 1663
Virgilii Opera 12. Amst. 1676
Veilleius Paterculus 12. Amst. 1664
Voyages de Spond & de Wheler 12. 3. vol. Lugd. 1678
Verulamii de Ventis 12. Amst. 1667
———— Sermones fideles 12. Amst. 1660
———— Historia Regni Henrici VII. 12. Amst. 1666
———— Sylva-Sylvar. sive, Hist. natur. 12. Amst. 1661
———— Scripta 12. Amst. 1653
Thomas Anglus Sciri 12. Londini 1663
Affaires de France & d'Autriche 12. 1662
Avantures de Loüis de Marot 12. 1675
Ambassades de Carlile 12. Amst. 1672
D'Obeilh, l'aimable Mere de Jesus 12. Hollande 1677
———— Maximes Royales 12. Amst. 1661
———— Maximes Stoïcienne 12. Amst. 1661

D'Eſpagne, Erreurs Populaires 12, à la Haye 1661
Délices de la France, d'Alquié 12. 2. v. Amſt. 1670 avec fig.
Eſtat de l'Empire d'Allemagne 12. Amſt. 1669
Concluſion d'Alcidalis, ou ſuite de Voiture 12. Paris 1676
Délices de l'Eſprit de Deſ-Marets 12 Paris 1677 avec fig.
Fables de Phedre 12. Paris 1669 avec figures
Francion Hiſtoire Comique 12 Paris 1672
Fonctions du Capitaine de Cavalerie 12 Paris 1668
Fortifications du Comte de Pagan 12 Paris 1669
Lettres nouvelles de Pielat 12. Amſt. 1677
Grammaire Françoiſe de Chiflet 12. Paris 1677
Guide univerſelle des Païs-bas 12. Paris 1677
Galanteries Amour. de la Cour de Grece 12. 2. v. Pa. 1677
Grammaire Italienne d'Oudin 12. Paris 1670
Abregé de l'Hiſtoire de Savoye 12. 3. vol. Lyon 1671
———de Cleopatre, Roman 12 3. v. Par. 1667 avec fig.
Hiſt. du Conneſtable de l'Eſdiguieres 12. 2. v. Par. 1666
———du Mareſchal de Toiras 2. 2. vol Paris 1666
——— Abregé d'Eſpagne 12 3. vol. Lyon 1674
——— Univerſelle de Juſtin 12. Lyon 1669
———de Henry IV. de Rhodez 12. groſſe lett. Par. 1662
———des Favoris 12. 3. vol. Lyon 1678   [avec fig.
———des Hommes Illuſt. par Thevet 12. 8. v. Paris 1661
——Peints en la Gallerie du C. de Richelieu 12. Paris 1668
Memoires de la Reine Marguerite 12. Paris 1666
———des Intrigues de la Cour de Rome, depuis l'année
        1669 juſqu'en 1676 12. Paris 1677
Meneſtrier, Abr. des principes Heraldiques 12. Lyon 1677
Morale galante, ou l'Art de Bien-aimer 12. Paris 1668
Medecins à la Cenſure, ou Entret. ſur la Med. 12. Pa. 1667
Hiſtoire des Miniſtres d'Eſtat 12. 2. vol. Paris 1669
Le Miniſtre d'Eſtat de Silhon 12. 2. vol. Paris 12. 1665
Entretiens familiers pour l'Inſtruction de la Nobleſſe
        étrangere 12. Geneve 1671
———& Colloques d'Eraſme 12. 2. vol. Geneve 1669
Recüeil de Poëſies de divers Auteurs 12. Paris 1670
Religions du Monde, de Roſſ, 12. Amſt. 3. vol. 1669
Strada des Guerres de Flandre 12. 4. vol. Paris 1664
Sully, ſuite 12. 3. vol. Paris 1662
Secret des Eaux minerales Acides 12. Paris 1677
Parnaſſe Reformé. 12. Paris 1671
Traitez de Paix entre la France & l'Eſpagne 12.

AUTHORES, HISTORICI &c. VARIORUM. 8.

Juvenalis 8. Lugd. Bat. 1671
Lucanus 8. Amst. 1669
Martialis 8. Lugd. Bat. 1670
Octavius Minucius felix 8. Lugd. Bat. 1672
Ovidius 8. 3. vol. Lugd. Bat. 1670
Plautus 8. Lugd. Bat. 1669
Plinii Historia 8. 3. vol. Lugd. Bat. 1669
—————Epistolæ 8. Lugd. Bat. 1669
—————Panegyricus 8. Lugd. Bat. 1673
Polybius 8. 3. vol. Græc. & Lat. Amst. 1670
Q. Curtius 8. Amst. 1673
Quintilianus 8. 2. vol. Lugd. Bat. 1665
Sallustius 8. Lugd. Bat. 1677
Papinius Statius 8. Lugd. Bat. 1672
Sulpitius Severus 8. Amst. 1665
Senecæ Opera 8. 3. vol. Amst. 1672
Terentius 8. Lugd. Bat. 1669
Titus Livius 8. 3. vol. Amst. 1665
C. Tacitus 8. 2 vol. Amst 1672
Veilleius Paterculus 8. Lugd. Bat. 1668
Valerius Maximus 8. Lugd. Bat. 1670
Vegetius de Re Militari 8, 2. vol. Vesaliæ 1670
Suetonius Grævii 4. Ultrajecti 1672
Petronius cum Fragmenta 8. Amst 1669
Fædri fabulæ 8. Amst. 1667

POETÆ, AUTHOR. HISTOR. &c. 24

Cornelius Nepos, vulgo Æmilius Probus 24 Ussaliæ
Claudianus 24. Amst. 1677   [1668
Catullus, Tibullus, Propertius, 24. Amst. 1651
Commentaria Cæsaris 24. Amst. 1675
Horatius 24. Amst. 1676
Ovidius 24. 3. vol. Amst 1664
Ouvenius 32. Amst. 1647
Lucanus 24. Amst. 1671
Martialis 24. Amst. 1664
Juvenalis 24. Amst 1671
Justinus 24. Amst. 1650
Plautus 24. Amst. 1652
Suetonius 24. Amst 1671
Sallustius 24. Amst. 1669
Cornelius Tacitus 24. Amst. 1665
Terentius 24. Amst. 1665

[...] Amst. 1668
—————— Opuscula 32. Lugd. Bat.
Respublicæ variæ 24. 8. vol. Amst.
Sleidanus de 4. sumiis Imperiis 24. Amst. 1667
Itinerarium Benjamini 32. Lugd. Bat. 1633
Epitome, Historiæ Romanæ 24. Amst. 1647
Epicteti Enchiridion 24. Græc. & Lat. Amst. 1670
Boëtius 32. Amst. 1668, & Lugd. Bat. 1633
Busbequius 24. Amst. 1660
Cluverius 24. Amst. 1670
Buchananus 24. Amst. 1665
Erasmi Colloquia 24. Amst. 1668
Gardani Politica 24. Lugd. Bat. 1633
Lipsii Politica 24. Usaliæ 1671.
—————— Monita & exempla Politica 24. Usaliæ 1673
Fasti Mariani 24. Antuerp. 1663 cum fig.
Hortulus Marianus 32. Col. 1630
Ferrarii Orationes 32. Col.
A Kempis 24. Antuerpiæ 1674 cum fig.
—————— Viator Christianus 24. Col. 1669 cum fig.
Augustini Meditationes 24. Col. 1631
—————— Confessiones 24. Col. 1647
Bellarmini Opuscula 24. 5. vol. 1662
Drexelius 24. complet
Novum Testamentum Græcum 24. Amst. 1570
——Idem Boëza 24. Amst 1613.
——Idem 24. Coloniæ 1677 par versets, citations, &
  argumens, avec une carte du voyage des Apôtres.
Psalterium Davidis 24. Col. 1637
Institutiones Justiniani 24. Amst. 1676 Nigri
——————Idem Rubro Nigri 24. Amst.

U S A G E S.

BReviarum Romanum ad usum PP. SS. Jesu 12.
  4. vol. Imbricæ 1670
—————— Idem Romanum 12. 4. vol. Imbricæ 1677.
—————— Idem 24. 4. vol. Coloniæ 1677. Nigri
—————— Idem 24 4. vol. Coloniæ 1677. Rubro-Nigri.
Missale Romanum fol. Lugduni. 1678
——————Idem 4. Lugduni 1679
—————— Idem Latin, François 18. 5. vol. Paris 1679
  de la Version de Monsieur Pelisson.

Hist. de gli Revolutioni di Napoli 8. Amst.

Il Nuovo Testamento, di Diodati 8. Harlem 1665
Boccalini, Ragguagli di Parnasso 12. 2. vol. Amst. 1669
——————— Pietra del Paragone Politico 32. 1652
——————— Idem Con figure 1671
——————— la Bilancia Politica di Tutte le Opere di Trajano Boccalini 4. 3. vol. Castellana 1678
Tratto della Pace concluso a S. Jan de Lus 12. Brem. 1664
El discreto de Lorenzo Gratiani 12. Amst. 1665
Lettere del C. Pallavicino 12. Venetia 1669
——————— del Loredano 12. 2. vol. Geneva 1669
Maluezzi Opere Historcihe e Politche 12. Gen. 1656
Manzini furori della Giovantu con la Stratonica 12. Gen.
Pallavicini, la Taliclea 24. 1653   [1647
I sete Salmi Penitentiali 16. Lat, Ital. Anversa 1595. con fig.
Historia d'Italia del Brusoni 4. Venetia 1671
Opere del Galileo 4. 2. vol. Bologna 1656
Vite de Pittori, di Vasari 4. 3. vol Bologna 1648
——————— de Pittori Bolognesi 4. Bologna 1678
Historia del Concilio Tridentino 4. Geneva 1660
Paciuchelli sopra Giona Profeta fol. 3. vol. Venetia 1670
—— discorsi Morali sopra la Pass di N. S. J. C Ven. 1671
—— in Virginum Dei Param fol. Venetiis 1671
Historia naturale di Ferrante Imperato fol. Venetio 1672
L'Adone, Poëma del Cavalier Marino 32. 4. vol.
Fili di Sciro, Pastorale del C. Guidubaldo 32.
Aminta favola Boscarreccia di Torquato Tasso 32.
Gierusalemme liberata del Torquato Tasso 32. 2. vol.
Il Pastor fido, Pastorale, del C. Guarini, con nova aggiunta 32.

In Amsterdam & in PARIGI si vende appresso THOMASO JOLLY, nel Palazzo 1679. Tutti con figure di Rami.

LIVRES EN ALLEMAND.

ARriane de Des-Marets 12. 2. vol. Amst. 1659 C. fig.
Annæ Ovenæ Hoyers Poëmata 12. Amst. 1650
Amæna Schafferey 12. Amst. 1659
Visions de Quevedo 12. Leyden 1646
Saavedra, Emblema Politica 12. 2. vol. Amst. 1655.